Livia Klingl

Biedermeiern

Livia Klingl

Biedermeiern

Politisch unkorrekte Betrachtungen

K&S

www.kremayr-scheriau.at

ISBN 978-3-218-01164-8

Schutzumschlaggestaltung: Christine Fischer unter Verwendung von shutterstock.com/ivgroznii (Tapete), shutterstock.com/naskami (Bilderrahmen) sowie shutterstock.com/tom4ic
Typografische Gestaltung und Satz: Danica Schlosser unter Verwendung von artinspiring – stock.adobe.com, cutelittlethings – stock.adobe.com, infografx – stock.adobe.com, JungleOutThere – stock.adobe.com, KatyaKatya – stock.adobe.com, mariabo – stock.adobe.com, ocsanaw – stock.adobe.com, SENRYU – stock.adobe.com, surakartwork – stock.adobe.com, yukipon00 – stock.adobe.com
Bildnachweis: Alle Abbildungen © Livia Klingl, außer S.82 (27.6.2018, 20180622_PD4136), S.84 (3.7.2018, 20180703_PD1052), S.114 (4.9.2018, 20181030_PD5051): APA picturedesk; S.99 (6.8.2018): kurier.at, 14.04.2018, Bild 2.
Lektorat: Paul Maercker
Druck und Bindung: Christian Theiss GmbH, St. Stefan i. Lavanttal

übrigens:
an diesem wahlergebnis sind die INländer schuld!

na gut, dann werde ich eben biedermeiern lernen, diesen rückzug ins private, weil das politische nicht dem entspricht, was es sein sollte: zukunftsmutig statt zukunftsverdrossen. viel glück, euch wählern und innen, mit der neuen truppe!

biedermeiern, tag 2

gestern auf der straße war alles wie immer. die balkaner mit serbischem vordergrund laut und mit diesem kindischen machogang von männern, die nichts haben als ihre stiernacken und ihre auf dem bau zu kästen geformten beachtlichen körper ohne jede eleganz. die mit bosnischer herkunft leise und defensiv freundlich, wie damals im krieg im geschundenen sarajevo, wo sie rauchend saßen und mit den händen schicksalsergeben bedeuteten: ach, was soll man da bloß machen? die grazilen somalis mit ihren perfekt geformten nasen und ihren akkuraten frisuren halten weiterhin den kopf hoch, vielleicht wissen sie gar nicht, was sich bei uns alles ändern wird.

ich habe mich schon geändert. ich schaue mir die leute, die mir entgegenkommen, anders an. die mit den vom leben verwitterten gesichtern mit den auf striche reduzierten frustmündern – aha, zwei fpö-wähler. die jungen, lachenden mit dem positiven blick, wenigstens auf die eigene zukunft – von grün nach rot übergewechselt? schnösel, bürgerstöchterln, damen mit friseurfrisuren und herren in cordhosen haben wir nicht auf den straßen von fünfhaus, dem bezirk, in dem nur die hälfte der einwohner hiesige sind und der doch so gar nichts gemein hat mit den schreckenserzählungen derer, die wien nur aus dem gossenboulevard kennen und fürchten wie das fegefeuer.

mir geht der afghane nicht aus dem kopf, den ich bei den versammlungen der wahlsieger im fernsehen wiedersah. der mit dem beachtlichen deutsch und der so ostentativ hergestreckten hand, als müsse er sich von ganz asien und seinen gewohnheiten distanzieren. für den ist das zucht- und ordnungsprogramm sicher willkommenes korsett, denn freiheit kann schon auch etwas bedrohliches haben, wenn man nicht weiß, wer man ist. so überangepasst und herkunftsverleugnend war der bei unserer begegnung, dass es schmerzte. ob nicht die psychotherapie das bessere mittel wäre, anstatt wasserträger bei der politik? zum satz „illegale migration stoppen" hat er frenetisch applaudiert, er, der genau so kam. ich mag keine fanatiker.

ja, es kamen schon auch viele, die einen erschrecken lassen.

OFFIZIELLES BILD:
DER BUBENKANZLER
UND SEIN WITZE

biedermeiern, tag 4

ich höre dauernd „ich will nicht ins rechte eck gestellt werden".

ganz einfach: dann stell dich nicht dorthin!

biedermeiern, tag 6

keine 100 kilometer gefahren im eigenen land und in der fremde gelandet. ortschaften, in denen um 18 uhr keine menschenseele auf der straße ist, aber auch kein licht brennt hinter den neumodischen fenstern, die nicht zur hausarchitektur passen. kein gasthaus, kein café, keine tankstelle, nur das lagerhaus und die wahlwerbung des rechten recken, der die leute in der einöde vor dem islamismus zu schützen verspricht.

ein 5000-einwohner-ort, in dem die namen der menschen und die dialektwörter auf slowakischen ursprung schließen lassen – ja, was ist denn österreich, wenn nicht eine macedonia di frutta, wie die italiener sagen würden, nur eben keine obst- sondern eine menschenmischkulanz? im örtlichen wirtshaus mit abgewohnter resopalästhetik und menschenleerem wuzlerzimmer kann man die luft in würfel schneiden und alle pofeln unverdrossen weiter, mit lebensverdrossenen gesichtern.

die einzige, die positive menschliche regungen zeigt, ist die kellnerin. vermutlich pendelt sie täglich von ihrem zuhause in der slowakei zu diesem arbeitsplatz, den man sich nicht freiwillig aussuchte.

es gibt aber auch die mit offenen, freundlichen gesichtern und neugierigen augen im ort. zu meiner lesung haben sie ein paar afghanen mitgebracht und die wiederum köstliche speisen aus ihrer heimat. die werden die leute aus dem gasthaus niemals kennenlernen, weil was der bauer nicht kennt, das frisst er ja nicht.

die freundlichen erzählen, wie gut die zugverbindung in die hauptstadt ist. „nur eine stunde. dann kann ich aufatmen, dort ist was los, dort ist leben!“, sagt eine junge. dann fügt sie noch hinzu: „ich versteh’ nicht, was die zeitungen schreiben. ich hab’ mich in wien noch nie gefürchtet.“

biedermeiern, tag 7

das land ist in erregung. denn eine handelskette hat mit einer kopftuch-frau geworben. shitstorm, weil man kann doch nicht im christlichen abendland den islam bewerben, gar uns anderen verkaufen! dabei verkaufen die ohnehin keine religion, sondern putzmuttel und zahnbürsten.

wie hoch der anteil derer wohl ist, die wieder leute knien sehen möchten und gehsteige schrubben mit zahnbürsten?

im radio gleich nach den nachrichten eine stunde über die identitären, die sich über wahlausgang und neue regierung auf die schenkel klopfen können.

jetzt vertreibt mich also auch schon mein kultursender, nicht nur mit diesen neuen, zu lieblichen jingles, sondern auch mit ganzen themenschwerpunkten!

ich schalte auf cd und lausche Tracy Chapmans „talking 'bout a revolution".

wie gut, dass ich eine große musik-sammlung habe!

biedermeiern, tag 14

lese jede menge stoff über die völkische verhandlerin von der partei in burschenschafterhand. die andere, die des politjünglings, steht ja auch sehr deutlich rechts, die wähler finden's supergut. die haben sich nicht, wie manche glauben, vertan. nein, die wollen das genau so.

die sündenböcke, sie sind längst ausgemacht, die ziele totaler abschottung postuliert, das „mia san mia" wird neue hymne. das muss man nicht einmal gendern, sehr praktisch.

ich bin nun minderheit – wie so viele, die ich traf, in ihrem jeweiligen land – und zum glück weitgereist genug, um zu wissen, wie man da nicht untergeht, seelisch und geistig.

biedermeiern, tag 17

wenn ein bewaffneter flüchtiger zwei tote und eine verletzte verursacht und „heil Hitler“ auf seinem auto stehen hat, nennt die zib die sache wie?

nachbarschaftsstreit.

(ein 66-jähriger erschoss in stiwoll in der steiermark zwei nachbarn mit einem kleinkalibergewehr und verletzte eine weitere nachbarin schwer. er flüchtete mit seinem kleinbus und war auch ein jahr nach der tat noch verschollen.)

biedermeiern, tag 18

was hat es nicht für versuche gegeben, das präsidentschaftswahlergebnis zunichte zu machen! schiebung! fälschung! betrug! wiederholung! haben sie in mikrofone gekeift und in die tasten gehämmert.

diesmal? nichts. rechts siegt und das, was rechts gern als linkslinke heimatzerstörer diffamiert, nimmt die niederlage mehr oder weniger würdevoll, jedenfalls aber in guter demokratischer gesinnung zur kenntnis.

aber das reicht ihnen noch nicht, den „veränderungs"-begierigen im viertsichersten und siebzehntreichsten land des globus mit der weltweit zweitlebenswertesten metropole. sie fordern auch noch zuneigung!

„lasst's es doch einmal arbeiten", werden die viel zitierten kleinen leute nicht müde, in ihren online-kommentaren zu betteln. welch unsinniger satz! ich könnte sie nicht von ihrer clusterbildung und finanzstatusrecherche und ihren nonsense-mitteilungen abhalten, selbst wenn ich wollte.

ich will ja nicht einmal. ich betrachte die gesellschaftliche pendelbewegung mit interesse und echter neugier, wie ein experiment mit dem chemiebaukasten. mal sehen, ob sie mich in die 1970er oder die 60er oder die 30er zurückschleudern, frage ich mich furchtlos, denn in der vergangenheit kenne ich mich aus.

biedermeiern, tag 22

irgendwann sollte man über folgenden umstand aufklären: nichts außer fußball ist ein fußballmatch. man muss folglich in der politik nicht zu einer seite halten. es können auch beide seiten widerlich sein.

also zum beispiel Pilz und schadenfrohe grüne.

oder kommentierende männer („geh stöllz eich ned so an, mädels, sonst gibt's ja goa ka hetz mehr") und frauen („die ist ja nur zu alt/dick/schiach und deshalb ja eigentlich neidig aufs begrapschtwerden").

biedermeiern, tag 24

früher hatte ich keinen respekt vor politikern, weil ich jung und ahnungslos war.

heute habe ich keinen, weil die jung und ahnungslos sind.

biedermeiern, tag 26

„die ganze wöd is varruckt wor'n", sagt sie erregt. sie, bei der ich seit 16 jahren einkaufe und immer dachte, sie wäre eine ausländerfeindin und fpö-freundin. sie, die ausschließlich migrantinnen geringfügig beschäftigt und die vor zwei jahren, in der großen flüchtlingszeit, entsetzt fragte: „und was mach' ma mit de alle?" und der ich letztendlich nur ein „san eh oam" abpressen konnte.

sie, die mich im fernsehen gesehen hat mit dem buch „wir können doch nicht alle nehmen!" und mich seither sehr eigenartig angeschaut hat. auch „lauter fremde!" hat sie via fernsehen mitgekriegt und ich bekam nicht den eindruck, dass sie goutierte, wie ich argumentiere.

„alle varruckt! und die Köstinger, a reine karrieristin!", hat sie gestern gesagt und ich habe mich gewundert. „und dass de mir mein Beda (Peter) abmontiert hom!", hat sie dann noch fuchtig gesagt und degoutiert über „den weiberhaufen" den kopf geschüttelt.

dann hat sie gemeint, dass „mia zwa eh des söbe denken". und dann hat sie, als handle es sich um ein konspiratives treffen, geflüstert, „gut, dass mia amal hom reden kennan."

ja, gut, dass wir geredet haben, vielmehr sie sich luft gemacht hat. und ich merkte, dass ich mich 16 jahre geirrt habe, in diesem fall.

heute vor 99 jahren: gründung der republik österreich.

18 jahre später hat meine 1911 geborene mutter auf einer wirtshausrechnung einen liebesbrief erhalten „in zeiten weniger rosiger begebenheiten". soweit ich weiß, war der autor schon oder wurde später amerikaner.

mir fielen die zeilen dieser tage oft ein. heute habe ich das papier herausgesucht, wissend, dass sich geschichte nicht wiederholt. aber, ehrlich gesagt, mir reicht das, was ist, vollkommen.

meine jugendsünden waren viel sexier
als der Hitler-gruß.

am effektivsten in österreich ist das burka-gesetz.

hab' schon ewig keine gesehen.

genau genommen seit 2002, seit ich aus afghanistan zurück bin.

biedermeiern, tag 43

lange tiefenpsychologische abhandlungen ließen sich schreiben über den menschen und sein talent, seine seele zu offenbaren. besonders auf fezbuk, dem gully schlechthin für besserwisser, stänkerer und verächter.

man kann sich aber auch kurz fassen, wenn man's kann. zum beispiel so:

ein mensch – das trifft man gar nicht selten –,
der selbst nichts gilt, lässt auch nichts gelten.

Eugen Roth

biedermeiern, tag 46

deutsch sollen sie lernen als zeichen ihrer integrationswilligkeit. aber bitte nicht beim bubenkanzler auf twitter, weil sonst kriegen sie nie eine wohnung (wie die fpö das gern hätte, deren funktionäre gern einmal ihr schlechtes deutsch online präsentieren. na ja, man weiß es eh, die einzelfälle …).

Sebastian Kurz
@sebastiankurz

Haben klares Bekenntis zum differenziertem & leistungsförderndem Schulsystem. Darf nicht sein, dass Kinder nach d Volksschule nicht sinnerfassend lesen können und Jugendliche nach d Schulpflicht nicht über notwendige Grundkompetenzen verfügen, d es für weiteren Weg braucht. 2/2

biedermeiern, tag 53

von drauß', vom ausland kam er her.
das fiel ihm heuer besonders schwer.
man ahnt es verschwommen:
das türkei-abkommen …
dennoch hat er's, pardauts!,
bis zu mir geschafft, der Nikolaus,
der große held meiner kindertage,
der vergessen ließ die Krampus-bösmensch-plage.

biedermeiern, tag 56

habe gelesen, der erfolg der rechten basiere auf zwei einfachen sätzen: ich versteh' euch! ich bin für euch da!

damit erzeugt man automatisch ein „die anderen“, nämlich die, die nicht glauben, sich ankuscheln zu müssen wie hilflose entenkinder unter die flügerl des schutzpatrons.

das probiere ich jetzt auch aus, mal sehen, ob's wirkt.

ich verstehe euch! und ich bin für euch da!

beim integrierten türken

er: na, was sagn's zu dera neichen regierung?

ich: habe keine worte für die.

er: bei uns sagt ma, wann welche ununterbrochen nörgeln und motschgern: gott, schick denen des olles, über was sie andauernd nörgeln und motschgern.

biedermeiern, tag 62

auf der post

man könnte ihn als unscheinbar bezeichnen und davon ausgehen, er wird leicht übersehen, wenn auch nicht hinter der budel, vor der die leute in diesen tagen schlange stehen, als gäbe es etwas umsonst, und ungeduldig warten, dass ein schalter frei wird.

die günstigste variante? fragt er und ich nicke. mittlerweile weiß ich, wie man die packerln machen muss, damit sie 2,50 und nicht vier euro kosten. ich bin jetzt expertin, sage ich mit einem augenzwinkern.

aber beim packerlzählen vertue ich mich, er nicht, er lächelt. nicht milde, nicht verächtlich, sondern trotz des seit tagen auf der post anhaltenden trubels einfach nett.

beim zahlen sage ich: danke, dass sie so freundlich sind. da wird sein gesicht richtig schön, und um sein lächeln könnte ihn selbst George Clooney beneiden.

wir hatten also beide zwei, drei angenehme minuten. vielleicht aber auch ein viel länger anhaltendes gefühl des wohlbefindens.

ich werde das die nächsten jahre so handhaben. als widerstand gegen die da oben.

(weihnachtsstress in den post-filialen)

biedermeiern, tag 64

man kann es in den straßen von wien, in den geschäften und lokalen bereits beobachten, dieses kurze einander-anlächeln, dieses ich-lasse-mich-nicht-unterkriegen-aufblitzen in den augen, dieses verschworene na ja, die da, die werden vorübergehen wie die bleiernen jahre vor 1968 und die peinlichen von 2000–2006.

ich liebe dieses untergrundlächeln. lasst es uns täglich lächeln!

biedermeiern, tag 65

heute ist tag der angelobung von türkisblau. vermutlich deshalb fällt mir gerade eine alte iranische weisheit ein:

ich lebe unter größtmöglicher ignorierung der regierung.

die regierungsmitglieder, also die, die mir irgendwie aufgefallen sind

DIE ELLI, MINISTERIN
FÜR WEISSNICHTWAS,
ABER NACHHALTIG

DER KONZENTRATIONS-
MINISTER FÜR DIE PFERDE
UND GEHEIMDIENSTE

DER MINISTER FÜR INTEGRATIONS-EINSPARUNG

MINISTER FÜR IRGENDWAS UND GESCHWURBEL

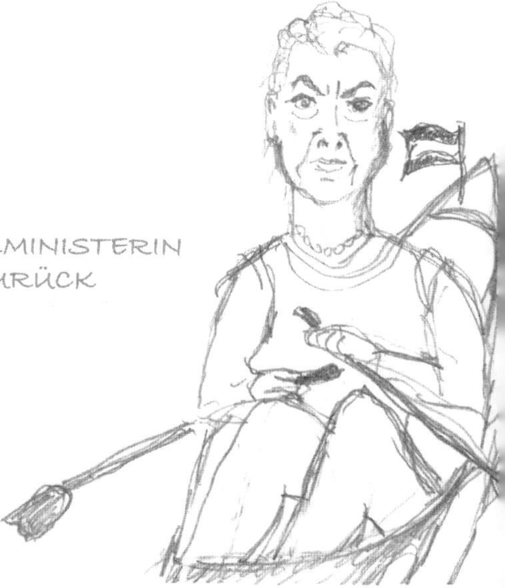

DIE SOZIALMINISTERIN
RUDERT ZURÜCK

MINISTERIN
GEGEN DAS
FRAUENVOLKS-
BEGEHREN

LIEBE ARME,
ICH KANN EUCH ZU
WEIHNACHTEN
UND AUCH DANACH
NICHTS GEBEN.
KEINE KERZEN,
DENN WIR HABEN
KEINE LEUCHTEN,
KEINE KOHLE, DENN
DIE BRAUCHEN WIR
SELBER!

EUER
BUBEN-
KANZLER

biedermeiern, tag 71

antisemiten feiern einen judenbuben. ausländerfeinde einen fremden. flüchtlingshasser einen vertriebenen. verächter des nahen ostens einen orientalen. obdachlosenbespucker einen wohnungslosen. ehe-verfechter einen bankert. traditionalisten einen sozialrebellen.

aber eh nur heute zu weihnachten.

die erste weihnachtsansprache
des neuen im kanzleramt

was ich euch zum jahreswechsel wünsche:

den vegetariern kirschen ohne würmer;
den denkern: keinerlei irrtürmer;
den veganern frische gemüsen;
den köchen fenster in den kombüsen;
den polizisten eine ruhige nacht;
den tieren, dass es wenig kracht;
den feministen, dass sie so bleiben;
uns allen, dass wir nicht spei...

biedermeiern, tag 78

meine wünsche sind bescheiden.

ich hätte gern ein weiches ei.

und weltfrieden.

biedermeiern, tag 81

ich war kürzlich 24 stunden in einem spital. alle außer dem op-team, einer schwester und dem rezeptionisten waren nicht „liebe österreicher“, denen herr Kurz zum neuen jahr gratulierte.

die niederen chargen aus serbien und rumänien, die aufnahmeschwester aus der slowakei, die blutlabormenschen aus ungarn und der slowakei, der betreuer in der aufwachstation aus bayern, die schwester am nächsten tag aus indien.

das krankenhaus gehört übrigens der uniqa, die neuerdings sogar einen minister in dieser ausländerfeindlichen regierung stellt, ihr eigenes spital aber ohne all die fremden gar nicht betreiben könnte – eine österreichische realität und ein widerspruch zugleich.

die neue regierung
sitzt mit dem sparstift
in schloss seggau.

biedermeiern, tag 87

liebe junge,

erwerbt eigentum!

was sonst können wir euch wegnehmen, wenn ihr mit 50 ausschuss am arbeitsmarkt seid?

euer Sebi

WAS HAT DER GESAGT?
ICH WÜRDE HEUTE FPÖ WÄHLEN?!
LERNEN'S GESCHICHTE,
HERR STRACHE!

beim neujahrstreffen spürt der witzekanzler,
wen Kreisky heute wählen würde.

vollholler wurde zwar wort des jahres 2017, aber oppositionsführer Kern kann es jeden verdammten tag brauchen.

verkehrte welt:
spö-rechtsaußen kritisiert die fpö.
es gebe „zu wenige abschiebungen".

biedermeiern, tag 102

jahrzehntelang habe ich verstohlen im supermarkt gesichter betagter menschen betrachtet, diese alten mit den harten zügen, der zornesfalte über der nase und den strichmündern ohne lippen. so oft habe ich mir die frage gestellt: nazi gewesen? mitläufer?

dann war eine zeitlang ruhe in meinem kopf. denn die meisten waren ja dann tot.

jetzt schaue ich mir die gesichter der mir fremden wieder genauer an. jetzt die der jüngeren und der jungen.

die mit dem offenen blick, der leichtigkeit, der neugier, der lust zu leben, sind in der minderzahl.

der witz des tages,
gefunden im standard:

„die övp fühlt sich durch den
koalitionspartner angepatzt.“
ende des witzes

wenigstens das kleinformat begleitet Kurzens erste reise zu Merkel mit frenetischem jubel, weil die deutschen medien sind da ja so zurückhaltend!

biedermeiern, tag 105

nicht die nachfahren aus dem tätervolk, sondern die nachfahren der opfer entscheiden, wann „es genug ist".

oder will jemand sagen: hör auf, um deine mama, deinen bruder, deine oma zu trauern, die sind doch eh schon so lange tot?!

JETZT IST KERN
VOLLENDS
EINGEZWICKT
ZWISCHEN DEN
RECHTEN FLÜGELN.

Michael Ludwig wird zum
Häupl-Nachfolger gekürt.

biedermeiern, tag 111

so viel demonstriert wie in den vergangenen jahren habe ich mein leben lang nicht. gegen das ersaufenlassen von menschen im meer, gegen abschiebungen nach afghanistan, gegen diese rechtsrechten an den schalthebeln der macht. und heute gehe ich in anerkennung der leistung einer einzigen frau auf die straße, die mehr für andere getan hat als ganze behörden. sie hat nämlich nicht nur hunderte vor obdachlosigkeit bewahrt, sie hat auch die gesellschaft vor den obdachlosen bewahrt: Ute Bock.

diese zeit des werteverfalls, der außerkraftsetzung humanistischer ideen gäbe ja eigentlich jeden tag anlass zum lauten protest.

ihr anderen, die ihr nicht versteht, warum sich welche den hintern abfrieren: nennt mich nicht berufsdemonstrantin! ich bin, wenn schon, eine pensionistendemonstrantin. und das gar nicht einmal für mich, denn ich gehöre ja zur abgesicherten mittelschicht. sondern für euch und vor allem für eure kinder. ich weiß, ihr versteht das nicht. macht nichts, ich tue es trotzdem.

man sieht sich! um 17 uhr am heldenplatz

DIE NEUEN JUDEN:

DIE FPÖ-GEGENWARTS-
KOMMISSION KOMMT ZU
FOLGENDEM SKANDALÖSEN
SCHLUSS:
DIE SYSTEMMEDIEN BETREIBEN
MENSCHENHATZ GEGEN UNSERE
VERDIENSTVOLLEN MITGLIEDER!

die fpö, schon wieder opfer!
jetzt muss Udo Landbauer doch glatt wegen der
liederbuchaffäre seine funktion zurücklegen.
wie sollen das die schlagenden
burschenschafter verstehen?!

biedermeiern, tag 116

„ich wollte einen anständigen beruf."

Sebastian Kurz, ehrlich, in der zib2

*die zahllosen „einzelfälle“ in der fpö
können dem Messias nichts anhaben,
die umfragen sind super, obwohl:*

ES IST
NICHT
WASSER,
ÜBER
DAS ER
GEHT

biedermeiern, tag 128

veränderung ist,

wenn Armin Wolf benütztes klopapier geschickt wird.

wenn eine frau mit kopftuch einen rempler kriegt.

wenn eine ausländische touristin gesagt bekommt, sie soll sich „dorthin schleichen, wo's herkummt".

weil diese regierung komplexler dazu ermächtigt hat und täglich ermächtigt, ihre erziehung über bord zu werfen und ihre niederen instinkte auszuleben.

es wird jahre dauern, diese widerwärtigkeiten wieder loszuwerden. viele jahre.

DEM SOZI-KLUB-
OBMANN INS
LIEDER-, ÄH,
INS STAMMBUCH
GESCHRIEBEN:
ABSURDE
VERSCHWÖRUNGS-
THEORIEN SIND
UNSER METIER!

(herr Gudenus giftet sich über die spö.)

biedermeiern, tag 135

ich hatte sie schon länger nicht gesehen in dieser kleinen filiale einer großen supermarktkette, wo sie schon jahrelang die einzige nicht-migrantin unter lauter türkischstämmigen vom filialleiter abwärts ist, sondern pendlerin aus dem burgenland.

jetzt geht's mir gut, bin in altersteilzeit, sagt sie, die immer freundlich zu den kunden war und ist und flink ihre arbeit an der zugigen kasse erledigt.

ich: wie weit fahren Sie da immer?

sie: 196 kilometer. und noch zehn mit dem eigenen auto.

ich: Sie sind echt eine heldin … es gäbe ja auch die soziale hängematte …

dieser verschworene, zustimmende und zugleich beredte blick lässt sich zwar nicht zitieren. aber er ist unvergesslich.

biedermeiern, tag 137

wir haben eine gastfreundschafts- und unterschlupfministerin, einen pferdeminister, einen 160km/h-rechtsabbieger, die dieselministerin, den volksschulnotenressortleiter, den faschingsdienstags- und satirevize und den schweigebuben.

von den anderen regierungsmitgliedern ist mir nach 2,5 monaten nichts bekannt.

was heute im vatikan geschah:

HEILIGER VATER,
ICH SORGE
MICH UM DAS
AUSSTERBEN
DER CHRISTEN.

NA, DANN
WERD HALT
EINER!

biedermeiern, tag 143

sitze in einem lokal und alle glotzen auf ihre händis.

das weiß ich, weil ich grad kurz von meinem aufgeschaut habe.

biedermeiern, tag 149

suche gleichgesinnte!

menschen, die in aller ruhe warten können, bis die polizei einen sachverhalt – zum beispiel ein attentat mit einem messer – klärt, ehe sie wild drauflos posten und schon mehr „wissen" als die polizei.

menschen, die eine grausige tat als grausige tat sehen und nicht als anlass für hass und hetze.

menschen, die einen „österreichischen" doppelmord nicht anders behandeln als einen „fremdländischen".

wird wohl ein einsames unterfangen, mein suchen nach verstand und anstand.

WIE SAGT DER
PHILOSOPH?
EIN KÖNIGREICH
FÜR EIN PFERD.
UND WAS HAB' ICH?
EIN CHAOS-
MINISTERIUM
UND NOCH IMMER
NICHT EINMAL
PFERDE!

der innenminister kriegt die polizeipferde nicht zusammen!

NEIN, SEBI,
DU SAGST
ZU ALL DEM
GAR NICHTS.
MIT SCHWEIGEN
KRIEGT MAN 42%.
DAS IST
HISTORISCH
ERWIESEN.

der bubenkanzler zeigt wegen zunehmender kritik nerven und holt sich rat bei seinem erfolgreichen vorgänger.

biedermeiern, tag 154

hier exklusiv die stellungnahme des ansonsten zurückhaltenden bundeskanzlers zu den diversen drängenden fragen, die sich in diesem land stellen:

biedermeiern, tag 157

nur in österreich entpuppen sich wanzen als enten!

(herr Strache hatte in seinem büro eine „abhöranlage“ entdeckt, spezialisten rückten aus, um das kabelgewirr zu untersuchen. war aber fehlalarm.)

biedermeiern, tag 159

ich verstehe ja, dass viele, die keine erfahrung mit gespaltenen gesellschaften haben und sich zur mehrheit zählen und voller lebensunzufriedenheit sind, meinen, ein bissl selbstermächtigung zu verachtung anderer sei doch nicht so schlimm.

ich allerdings sehe die neue verächtlichkeit anders. denn meine größte sorge ist nicht, dass mich ein IS-terrorist ins jenseits bombt (die wahrscheinlichkeit ist geringer als den lotto-jackpot zu gewinnen), sondern dass ich harmlos auf die u-bahn warte und zeuge eines rassistischen oder antimuslimischen übergriffs werde. und dann blitzschnell entscheiden muss, ob ich mich traue einzugreifen, ob ich bösartige beschimpfungen, gar ein bespucken oder eine gebrochene nase riskiere.

das ist meine angst heutzutage!

biedermeiern, tag 165

im innenstadtcafé.

die gepflegte dame vom nebentisch fragt, wie man zum belvedere kommt. wir erläutern, es entwickelt sich ein sehr nettes gespräch.

bis sie sagt: also in der u-bahn, das ist ja ärger als in münchen. ich: was? sie: diese fremden. ich: Sie sind doch auch eine fremde! sie: aber ich doch nicht! ich: für mich schon!

die staunenden augen und der offene mund – unbezahlbar!

biedermeiern, tag 177

beim türken im schanigarten

kommt so einer mit einem kinderwagen. drinnen ein kind mit kopftuch.

wollte schon den Strache informieren, dass man nicht erst im kindergarten mit dem verbot ansetzen darf, sondern schon im kinderwagen.

stellt sich heraus, der typ und seine tochter sind waschechte ureinwohner.

da ist so ein kopftücherl gegen die sunn' natürlich nicht ausgrenzend!

#meinFünfhaus

biedermeiern, tag 191

der praterstern ist lebensgefährlich.

aber kabul ein sicherer herkunftsort, auch für die, die gar nicht aus kabul kommen.

#wahrnehmungsstörungen

biedermeiern, tag 205

in anbetracht der politischen lage:

suche mann mit meerblick.

biedermeiern, tag 208

da verzichtet so ein dunkelbärtiger, dem man das fremdländische schon aus dem auto heraus ansieht, auf seinen vorrang, um mich radfahrerin die straße queren zu lassen.

wie soll man bei solchen erfahrungen bloß zu den landesüblichen vorurteilen kommen?!

biedermeiern, tag 209

in so einer tierklinik werden alle menschen gleich, die erkennbar bildungsfernen, die jungen musikerinnen aus fernost, die alten und die mit dem altdeutschen schäferhund, dessen herrl glatze trägt und bei dem man unwillkürlich denkt: ui, ein rechter.

aber alle machen sich gleichermaßen sorgen um ihr geliebtes tier – und politik ist dann so weit weg wie der mars.

und wenn man ins reden kommt, während die tiere am tropf hängen, lernt man etwas über altdeutsche schäferhunde (wunderschöne tiere im übrigen) und erfährt auch den namen des kranken hundes. „Masseo, das ist Matthäus auf hebräisch."

dann denkt man sich: vielleicht sollte man doch nicht sofort kategorisieren, nicht urteilen.

denn nichts geht so schnell und leicht wie der irrtum.

BABA,
MEI BUAGAMASTA!

MEI WIEN WOA NED DEPPERT!

Michael Häupl geht
nach einem vierteljahrhundert.

biedermeiern, tag 223

leber mnster Maro Kunasek,

mr st hr ansnnen ncht konsequent genug! warum ncht das _ überhaupt strechen? dann passert das mt dem bnnen-_ ne weder!

#sparenamsystem

(minister Kunasek verzichtet auf das binnen-i, also das gendern im bundesheer, das es aber dort eh nie gab.)

biedermeiern, tag 225

bei „meinem“ türken

ich zum kellner: halten Sie ramadan?

er: nein, ist zu schwierig, hier zu arbeiten und schule am abend.

ich: was lernen Sie denn?

er: ich mache die matura.

das wird Allah gefallen!

#meinFünfhaus

DAS IST JA
EKELHAFT!
KÖNNEN SICH DIE
NICHT AUF DAS
GESELLSCHAFTLICH
ANERKANNTE
ANTIISLAMISCHE
BESCHRÄNKEN?!

(antisemitische vorfälle häufen sich in ganz europa.)

mittlerweile kommt die krähe selbst dann auf die terrasse, wenn ich oben bin. wir teilen uns die früchte des maulbeerbaums.

dann trippelt sie zur wasserschüssel für die katzen, labt sich und fliegt zum nachbarn, der die krähen hasst. dort scheißt sie und fliegt weiter.

krähen sind wahrlich intelligente tiere!

#meinFünfhaus

biedermeiern, tag 230

eines meiner lieblingswörter ist die „inselverzwergung“, ein begriff aus der evolutionsbiologie, der besagt, dass lebewesen, die ohne fress- und sonstige feinde auf einer insel leben, kleiner werden.

ich kann das bestätigen. innerhalb von 17 jahren schrumpften die ameisen, die die tröge auf meinem balkon bevölkern, auf die hälfte.

bei menschen, die versuchen, aus festland eine abgeschottete insel der seligen zu machen, scheint die inselverzwergung nicht zwingend die körpergröße, aber das hirn zu betreffen.

ICH BIN POLITISCH
ANGESPEIST!
DESHALB HABE
ICH DIESES SCHILD
GEZEICHNET!

biedermeiern, tag 237

weil so viele an der so häufig von unseren regierungsmitgliedern, allen voran vom bubenkanzler, verwendeten formulierung „illegale migration“ laborieren, verrate ich mein geheimnis:

ich ersetze im geiste eines der wörter stets durch masturbation.

dann hält man’s einigermaßen aus.

biedermeiern, tag 248

wir haben eine berittene polizei ohne pferde.

der rest ist eh auch so.

JUGENDSÜNDE:

VERBRECHEN:

des witzekanzlers welt

biedermeiern, tag 255

es gibt sie, diese momente, in denen ich an die echten övp-ler denke. die, die in der tradition der großen, alten, proeuropäischen, christlichen, sozialpartnerschaftlichen partei stehen.

dann frage ich mich, wie die das alles aushalten. wo ich es schon nicht aushalte, dieses zerstörungswerk der alten werte.

und wie lange die zu schweigen imstande sind.

biedermeiern, tag 256

oje, da ist die message control misslungen!

biedermeiern, tag 262

land der hackler, nunmehr sklaven, zu müde dann im ehehafen.

land der kinder zukunftslos,

mit eltern, die am zahnfleisch gehen, sie nur mit augenringen sehen.

Basti ist willfähriger held für die schichte mit viel geld,

die champagner schlürft beglückt, vom gang ins letzte jahrhundert zurück.

immer noch fruchtbar der schoß

für jede form von niedertracht.
mein österreich, gute nacht.

die Elli Köstinger täte sagen: da klafft die realität mit der wirklichkeit auseinander.

oder: wie es für unseren kanzler wirklich war vor dem eu-parlament (unten) und welche marienfigur-inszenierung der regierungssprecher twitterte (oben).

ICH BIN SCHOCKIERT!
DIE OPPOSITION
TUT DIE LEUTE
AUFHUSSEN UND
ÄNGSTE SCHÜREN!
MIT FAKTEN!
SO ETWAS HABE
ICH NIE GEMACHT!

biedermeiern, tag 264

mir ist etwas total perverses passiert!

war am westbahnhof und habe 10 personen, wahllos herausgepickt, gefragt, was ihr größtes problem ist.

7: das geld / die miete / die leistbare wohnung

2: mieser arbeitsplatz / mobbing

1: kinderbetreuung

0: flüchtlinge

wenn das die politiker erführen!

biedermeiern, tag 265

seit die freiwilligkeit im gesetz steht, mache ich das katzenklo viel lieber.

(der nationalrat beschließt das neue 12-stunden-arbeitszeitgesetz.)

biedermeiern, tag 273

mein vaterland, du bist verroht.
und dadurch erst so recht bedroht!

biedermeiern, tag 277

besonders unerträglich macht diese schlechte regierung erst diese schlechte opposition.

biedermeiern, tag 278

ich poste ein foto von einem schnittlauchbrot. und dann passiert auf fezbuk das:

a) jöö, des kenn' ich aus der guten alten zeit!

b) also mit radieserln is' mir lieber!

c) find' i a! des gehörd mit radi! und salz!

d) ich speise nie zwischendurch!!!

e) immer diese linksgrünversifften ökofaschisten mit ihrem missionarischen zwang!!!1!!

f) pfoh, hat lang dauert, bis so a rechtes oarschloch reagiert!

g) jöö, ich mach' mir jetzt auch ein schnittlauchbrot!

h) sagen Sie, denken Sie überhaupt nicht an die hungernden kinder in afrika, Sie egomanin?!

i) also ich finde ja liptauer besser. natürlich original, also mit brimsen! ich schätze billige kopien nicht.

j) haben wir keine anderen sorgen?

k) hot der trambel keine katzenbilder mehr, das er eßen posten mus?!

l) ich finde aber auch tomatenbrote gut. ist aber nur meine meinung.

m) das heißt paradeiser! weil mir sind in österreich!

n) so ein food porn ist aber wirklich unter ihren nivau!

o) und in china ist ein sack reis umgefallen!

p) na, a foahrradl!!!

q) ich will ein katzenfoto, bitte!

r) ned scho wieder a katzenbüd!

s) hunde sind aber auch menschen!

t) so, jetzt habe ich keinen gusto mehr auf meine zimtschnecke!

u) ich mag schnittlauchbrot auch sehr gern. aber doch nicht an einem mittwoch!

v) also küssen kann de heit' kaan mehr!

w) is eh besser, se losst's!

x) #dankeMerkel

y) ist der teller steingut? ich habe nämlich einen ganz ähnlichen zu hause. und der ist steingut.

z) hunger!!!

biedermeiern, tag 281

liebe österreicher und österreicher,

ja, es stimmt. ich habe lange geschwiegen. vielleicht zu lange. und ja, manche dinge laufen nicht ganz rund, wie etwa die privatisierung von spitälern. anderes, vor allem gegen die frauen, haben wir zügig umgesetzt.

vor allem aber: wir streiten nicht, das ist das wichtigste für die öffentlichkeit. die österreicher mögen keinen streit, außer mit den türken.

gestatten Sie mir, und lassen Sie mich bitte ausreden, dass ich sage, was ich schon immer gesagt habe: dass wir österreich verändern, weil dafür sind wir angetreten, dafür wurden wir gewählt und deshalb bin ich umfragekaiser. weil österreich ein fantastisches land war, bedeutet veränderung verschlechterung, aber dafür wurden wir gewählt.

dass meine partei ohne mich in internen umfragen bei 18 prozent liegt, ist der beste beweis dafür, dass ich mich schonen muss und auch weiterhin nichts sagen werde.

das mit der balkanroute und den eu-außengrenzen muss ich sowieso nicht mehr extra betonen, das können Sie eh schon auswendig.

ich wünsche Ihnen einen christlich-abendländischen sonntag und einen erholsamen sommer ohne mich.

Ihr bubenkanzler

biedermeiern, tag 282

übrigens

statistisch erwiesen ist: männer, die auf der autobahn rasen, haben ein kleines spatzi.

biedermeiern, tag 285

übrigens sind alle gemeinschaften, die das eigenwohl über das gemeinwohl gestellt hatten, untergegangen.

biedermeiern, tag 290

die österreichers auf die frage, was sie von tempo 140 halten:

er: des is super! haaßt ja autobahn und ned raststätte! hahaha.

sie: ich fahr' gern schnell. also mir taugt's.

ob sie kinder haben? sie bejahen.

ob die in einer gesunden umwelt aufwachsen sollen?

beide unisono: na kloa, aber mia wohnen ja ned auf da autobahn!

biedermeiern, tag 293

über die gesellschaftliche veränderung

früher: ich will, dass es mir künftig besser geht als heute.

heute: ich will, dass es irgendwelchen anderen, die ich gar ned kenn', schlechter geht als mir.

stell mir gerade regierungsmitglieder vor, wie sie auf englisch mitteilen, dass sie denken.

we are sinking.

ja, passt!

biedermeiern, tag 296

werte frau unterschlupfministerin,

elf tage nach ihrem 150-euro-sager, so lese ich, beschweren Sie sich, missverstanden worden zu sein und erzählen uns das fade märchen von den fake news.

was halten Sie davon, statt weinerlichkeit künftig die deutsche sprache präzise einzusetzen und den unterschied zwischen asylwerbern und asylberechtigten zu lernen?

sollten Sie nachhilfe brauchen – weil man merkt ja, dass Sie andauernd schwimmen –: ich kann, was Sie können müssten und helfe gern.

besonders in anbetracht der honorare, die diese regierung z.b. für eigenwerbung zahlt. ausschreibung brauchen wir keine!

herzlich

Ihre informierte bürgerin l.k.

In Ihrem Fall liegen insbesondere auch keine konkreten Hinweise vor, dass Sie aufgrund Ihrer persönlichen Stituation in die hiesigen Verhältnisse hineingewachsen sind, unter gleichzeitiger Entfremdung von Ihrem Heimatland. Insbesondere sprechen Sie nach wie vor die in Ihrem

BFA Bundesamt Seite 30 von 36

Heimatland gesprochenen Sprachen besser als Deutsch, was sich schon allein daraus ergibt, dass die Einvernahmen bzw. Befragungen im gegenständlichen Asylverfahren nur unter Beiziehung von geeigneten Dolmetschern möglich war.

Der negative Asylbescheid
für einen einjährigen Buben.
Er wurde in Österreich geboren.

biedermeiern, tag 305

wenn man sich vor augen führt, dass der mensch zu 50 prozent genetisch identisch ist mit der banane, erklärt sich so manches.

biedermeiern, tag 306

normalerweise schreibe ich ja über vorkommnisse mit migranten. aber heute ist mir etwas mit einem inländer passiert.

er, geschätzt bestenfalls halb so alt wie ich, mit dunkelblondem pferdeschwanz und knielangen hosen, hat mich auf dem westbahnhof richtung u3 angelächelt. einfach so.

#meinFünfhaus

biedermeiern, tag 313

einer der für mich unerträglichsten sätze lautet: recht muss recht bleiben.

besonders, wenn dieser dumme satz von frauen kommt. müsste recht wie ein naturgesetz recht bleiben, wäre vergewaltigung in der ehe erlaubt – das war schließlich bis 1989 so.

verheiratete frauen dürften ohne erlaubnis des ehemannes nicht arbeiten – so war es bis 1975.

und frauen dürften nicht wählen. so war die rechtslage bis 1918.

dass all diese gesetze über bord geworfen wurden, nennt man fortschritt, nicht rechtsbruch.

da geht man zum türken, um sich ein köstlich zubereitetes hendl zu genehmigen und was passiert?

man sitzt vier stunden mit einem halb so alten, feschen mann beisammen, den gewisse ureinwohner mit dem n-wort bedenken und „heimschicken" möchten, und diskutiert die ökonomische asymmetrie zwischen mächtigen und anderen ländern und vor allem zwischen wissenden und gelackmeierten.

denn der, der manchen hier eine zu dunkle hautfarbe hat, studiert an der fachhochschule bankwesen und das mit wacherem hirn als diese gewissen je haben werden.

#meinFünfhaus

biedermeiern, tag 315

österreichern könnte man widerspruchslos erklären, dass sie von flusskrokodilen bedroht werden.

biedermeiern, tag 317

mein vater war selbstständiger maschinenbauingenieur. in seinem geschäft im 15. bezirk erzeugte er spezialarmaturen aus rostfreiem stahl. schon anfang der 1970er jahre hat er über arbeitskräftemangel geklagt und aufträge mangels personal nicht annehmen können.

„die vom arbeitsamt sind entweder besoffen, kommen, sagen: chef, gib ma an stempel (damit sie dem arbeitsamt beweisen konnten, dass sie sich eh vorgestellt haben) oder es kommen 20 jahre stein (also schwere jungs)“, hat er geklagt.

dann kamen die gastarbeiter nach österreich und bei meinem vater haben nur noch jugoslawen gearbeitet. sie konnten nicht deutsch, man verständigte sich mit händen und füßen, aber es waren fleißige, lernwillige menschen.

mein vater besorgte ihnen bruchbuden im damals grindigen 15. hieb, half bei behördenwegen und war oft als ehrengast auf jugoslawischen hochzeiten eingeladen.

schon damals gab es das demografische problem, das der arbeitsunlust, der mangelnden grundausbildung in einfachsten kulturtechniken und natürlich das geschimpfe der einheimischen auf die zuzügler, weswegen dann in wien das plakat hing: „i haaß Kolarić, du haaßt Kolarić, warum sagen’s zu dir Tschusch?“

biedermeiern, tag 318

es hat sich nichts geändert, nur dass heute die verachtung gegenüber jenen, die die wirtschaft nun einmal braucht, staatlicherseits betrieben und vom seelischen mob, der sich mittlerweile tief in bürgerliche kreise ausgebreitet hat, dankbar aufgenommen wird. was zeigt, dass die herkunft kein seismograf für den charakter von menschen ist.

biedermeiern, tag 319

er sitzt immer bei „meinem“ türken und sie nennen ihn, den grauhaarigen mit dem akkuraten schnauzer im kantigen gesicht, onkel, obwohl er kein verwandter ist.

aber moslem ist er sehr wohl und als ich ihm unlängst, weil da einige beisammenstanden und mich dazu holten, die hand hinhielt, vermutete ich ein kurzes zögern zu erkennen, ehe er mir die seine gab.

moslems, so heißt es bei uns, mögen keine hunde und oft stimmt das auch, da ihnen von manchen religionsungelehrten beigebracht wird, hunde seien unreine tiere.

an diesem affenheißen tag hat sich der alte, schweigsame mann vor einen baum gekniet und auf der unebenen baumscheibe eine hundeschüssel mit frischem wasser sorgsam niedergestellt, einfach so, falls ein durstiges tier vorbeikommt.

#meinFünfhaus

biedermeiern, tag 320

seit monaten lese ich, was ich in die finger kriege, um herauszufinden, in welcher zeit ich da warum gelandet bin.

ein gutes beispiel für die schwierigkeit, sich in diesem hektischen, erregten gekreische ein bild zu machen, sind die ereignisse von chemnitz. sie reichen vom millionenfach gehörten „das sind nicht alles nazis", die sich da zu fett gesoffenen, in ihrer muttersprache nur stammelnden Hitler-grüßern dazugesellt haben, bis zur ebenfalls millionenfach gehörten diagnose der gebrochenen biografien der ddr-bürger.

mag alles ein bisschen stimmen. aber das erklärt nicht die hohe zahl an afd-wählern in bayern und auch nicht die österreichische rechtslastigkeit bis tief in gerade noch bürgerliche kreise hinein.

meine analyse geht so: ich verstehe, dass sich viele millionen menschen von der politik in tateinheit mit den medien nicht mehr wahrgenommen fühlen. denn seit drei jahren werden wir, in österreich genauso wie in deutschland und andernorts, mit mitteilungen über flüchtlinge bombardiert: was sie brauchen, was sie kosten, in seltenen fällen – meist sind es kriminalfälle mit ihnen als täter – wer sie sind.

wer täglich über eine gruppe, der er nicht angehört, mit meist unsachlichen, aufgeregten wortspenden wie von hochwasser überschwemmt und selber nicht mehr beachtet wird, kriegt früher oder später eine wut auf diese gruppe. diese aversion wird täglich aufs neue gespeist.

meine these, warum sich nahezu jeder, den ich kenne oder über den ich höre, vollkommen unabhängig von der flüchtslingsfrage verunsichert fühlt, lautet globalisierung.

sie hat für einige zu enormem wohlstand geführt, aber das untere drittel nicht erreicht. und sie hat das leben so unberechenbar gemacht, dass eine hauskreditkrise im fernen amerika zum verlust der mühsam gesparten zusatzpension in wien, wels oder bludenz geführt hat und zur wirtschaftskrise 2008.

aber auch ohne diese krise samt umverteilung der schulden von den banken zu den bürgern kann kein mensch mehr längerfristig planen, weil niemand weiß, wie es mit uns allen weitergeht, wann welche menschen durch roboter oder billigarbeiter in bangladesch ersetzt und nicht mehr im herkömmlichen sinn gebraucht werden.

dieses phänomen der unberechenbarkeit auch der näheren zukunft macht ängstlich oder wütend, denn wir alle, die über 40 sind, waren gewohnt, dass die gesellschaftliche entwicklung dem alten prinzip „deinen kindern wird es einmal besser gehen als dir“ folgt, dass es also für die große mehrheit ökonomischen fortschritt und für die minderheit finanzielle absicherung gibt. bis in alle ewigkeit.

globalisierung und roboterisierung haben mit den flüchtlingen nichts zu tun. aber mittels dieser leute kann die politik wunderbar von ihrer eigenen plan- und hilflosigkeit ablenken.

die mehrheit nimmt's dankbar an.

den sonnenschirm eingemottet.
in die wohnung getrottet.
radio auf: schwachsinn zuhauf.
radio ab. buch genommen:
der alltag nur noch verschwommen,
ganz in der ferne. so hab' ich es gerne.

biedermeiern, tag 323

ehrlich gesagt waren mir die zeiten lieber, als viele wenigstens noch so taten, als wären sie zivilisiert.

der ex-grüne türkise ist in die sexismusfalle getappt.

biedermeiern, tag 325

heute vor drei jahren begann die geschichtsklitterung wegen der flüchtlinge.

heute vor drei jahren, so heißt es oft, habe Angela Merkel die grenzen geöffnet.

nein, hat sie nicht. sie waren offen.

und all die, die keine flüchtlinge mögen und Merkel diesen falschen vorwurf machen, mögen bedenken: hätte Merkel nicht gehandelt, wie sie – nicht zuletzt aufgrund der bitte aus wien – gehandelt hat, hätten wir in österreich ende 2015 nicht 89.000 flüchtlinge, sondern 990.000 flüchtlinge gehabt.

gedicht über den herbst der westlichen zivilisation

zwischen scheibbs und den lofoten
idioten, idioten.
zwischen bludenz und den ungarischen steppen
deppen, deppen, deppen.
die rechten sagen, es sind die linken,
die ihnen kräftig stinken.
den linken geht's genau umgekehrt:
die rechten gehören dringend belehrt.
und so keifen sie einander nieder.
mir sind längst alle gleich zuwider.

biedermeiern, tag 333

nach dem konsum von zdf-, orf- und ard-nachrichten mit all dem gequirlten gequassel bin ich jeden abend erstaunt, dass die straßenbeleuchtung funktioniert, die klospülung und die notambulanz der spitäler.

zehntausende werktätige leisten richtig gute arbeit.

schade, dass ich deren namen nicht kenne, sondern nur die der anderen.

herr Ludwig kann seine begeisterung über die neue spö-chefin kaum verhehlen.

biedermeiern, tag 342

wort zum sonntag

man wird kein christ, nur weil man in die kirche geht.

man wird ja auch kein auto, nur weil man in der garage steht.

man wird auch nicht zwingend demokrat, nur weil man zu wahlen geht.

biedermeiern, tag 343

ich freue mich auf die künftige nennung der nationalität von straftätern, wie dies das innenministerium wünscht.

da wird künftig in 60,9 prozent der fälle (kriminalitätsstatistik 2017) stehen: österreicher. gefolgt von rumänen, deutschen, serben.

dann wissen wir endlich, vor wem man sich in acht nehmen muss!

biedermeiern, tag 347

liebe spö,

ich möchte dem elend nicht länger zuschauen und daher umsonst, im sinne von gratis (anzunehmenderweise auch umsonst im sinne von vergeblich), einen wertvollen input zur öffentlich zelebrierten parteiinternen debatte einbringen:

der politische gegner, den es zu besiegen gilt, ist nicht der andere parteiflügel.

freundschaft ist nicht nur ein abgenudelter begriff aus der historie.

und die existenz einer sozialdemokratischen partei ist kein naturgesetz.

GEWISSE SPÖ-LER
FRÖNEN IHREM SONNTAGSHOBBY

die spö braucht zwar dringend eine ärztin,
aber der wiener und der burgenländische
patient sehen das anders.

biedermeiern, tag 356

die stärkste opposition sind derzeit Mitterlehner und Karas.

die – ähem – korpulenten rechten spö-flügel haben sich nicht überall beliebt gemacht mit ihrer verächtlichmachung von Pamela Rendi-Wagner.

biedermeiern, tag 357

„ein pferd ersetzt zehn beamte", sagt herr Strache.

und ich frage mich: wobei?

biedermeiern, tag 359

♥ meine timeline ist voller männer, denen das Maurer-urteil missfällt, weil sie gegen welche art von übergriff auch immer auf frauen sind.

was zeigt: das grundproblem ist nicht ein mann-frau-problem, sondern ein mensch-unmensch-problem.

männer, ich liebe euch! (als menschen selbstverständlich, ned, dass da wer an übergriff konstruiert!)

(die ehemalige grüne abgeordnete Sigi Maurer wurde online sexistisch angegangen, verlor aber einen prozess gegen den mutmaßlichen urheber der nachrichten.)

biedermeiern, tag 360

ich habe heimweh.

heimweh nach dem österreich der wenigstens theoretischen gleichheit der menschen.

heimweh nach der wenigstens theoretischen chancengleichheit aller hier atmenden kinder.

heimweh nach dem zumindest behaupteten anliegen, frauen männern tatsächlich gleichzustellen.

heimweh nach einer zukunft, die man sich als schöne ausmalen kann und nicht als zukunft von rudeln, die einander verachten, ankläffen und bekriegen.

biedermeiern, tag 361

liebe österreicherinnen und österreicher,

ich bitte euch, ruhig zu bleiben und nicht in panik zu geraten, nur weil frauen jetzt auch frauen heiraten dürfen und männer männer.

niemand wird dazu verpflichtet! es gibt keinen zwang! ich selber zum beispiel mach's ja auch nicht.

euer fiktiver kanzler

biedermeiern, tag 366

diese regierung und neuerdings diese stadt wien wollen, wie es heißt, mein subjektives sicherheitsgefühl verbessern. ein löbliches anliegen, vor allem, wo doch populisten auf meine vox populi hören werden.

ich ersuche diese, meine ängste ernst zu nehmen:

ich habe angst vor der verarmung von kindern – das führt nämlich zu benachteiligten erwachsenen, die kaum steuern zahlen werden, weil ihre leistung nicht groß sein wird, was dem staatswesen in der zukunft schaden zufügen wird.

ich habe angst vor der zerschlagung der sozialsysteme, denn das führt zu unglück bei den ärmeren, die dann recht grantig werden, ehe sie jahre früher als die reichen sterben. noch dazu sind sie, bis sie tot sind, volkswirtschaftlich teurer als die erhaltung der sozialsysteme.

ich habe angst vor der täglich weiter betriebenen spaltung der gesellschaft, weil die wird dadurch täglich fuchtiger – und zwar beide seiten – und aggression in worten führt zwingend zu aggression in taten. und ich unbewaffnete frau will keins auf die mütze kriegen.

biedermeiern, tag 368

gespräch mit einer sehr attraktiven, sehr stark geschminkten frau mit iranischen wurzeln.

ich kann nicht ungeschminkt aus dem haus gehen, erzählt sie, sonst reden die leut' mit mir nur per was du wollen? was machen hier? was suchen?

sofern sich das gespräch vertieft, kommt die obligate frage, wo sie her sei.

sie: schwechat.

okay, aber eigentlich?

sie: eigentlich aus meidling.

na, aber ganz eigentlich?

sie: ganz eigentlich aus dem bauch meiner mutter.

und dann sind's ang'fressen, die bio-österreicher.

biedermeiern, tag 374

lang hat es gedauert, aber heute hat mich diese regierung bestätigt!

denn heute hat sie die kassenreform beschlossen, was bedeutet, dass sich meine sauteure zusatzversicherung jetzt so richtig lohnen wird.

ob all die begeisterten wähler und -innen auch 375 € monatlich berappen können? oder stehen die gern schlange in den ambulanzen und warten monatelang auf eine op?

oder trösten sie sich über zu erwartende medizinische minderleistung mit dem beliebten satz: „hauptsach', die sozen san weg"?

AM PLATZ
DER HELDEN

am nationalfeiertag

biedermeiern, tag 377

mit 12 war ich das erste mal allein im ausland, bei einer französischen familie, die meine mutter aufgegabelt hatte. genauer gesagt: den monsieur, einen ingenieur (wie mein vater), der in wien bei siemens zwangsarbeit leisten musste in der finsteren zeit. jahre später kam er wieder nach wien und meine mutter, übersetzerin bei siemens, führte ihn herum. die familien freundeten sich an und so kam ich nach frankreich.

beim frühstück am ersten morgen nach dem ersten flug meines lebens und in der ungewohnten umgebung habe ich dieses französische häferl ohne henkel, oben breit, nach unten hin immer schmäler, angestarrt und nicht gewusst, wie man daraus trinken könnte.

es war ungewohnt für mich, aber ich begann, daraus zu trinken wie die tochter des hauses. nach fünf tagen hatte ich nicht einmal mehr eine erinnerung an die österreichischen häferln mit henkel, weil diese schüssel selbstverständlicher bestandteil meines frühstücks geworden war. und eigentlich praktisch, denn franzosen tauchen ja gern ihr croissant in den café au lait.

mein opa hat das auch gern getan, aber mit unseren häferln war das viel schwieriger.

mit 12 habe ich ganz nebenbei verstehen gelernt: wir machen die dinge nicht richtig und andere völker falsch. andere machen sie nur anders.

biedermeiern, tag 381

habe gelesen, der 1. november wird aus rücksicht auf die muslimische minderheit in Allaheiligen umgetauft.

(wer aller schnappt jetzt gleich über?)

biedermeiern, tag 382

es läutet an der gegensprechanlage.

männerstimme: grüß gott. heute ist allerheiligen. mein name ist xy, ich möchte gerne den trost vermitteln, den die bibel …

ich: um gottes willen, nein!

selbst ich agnostikerin kann meinen christlichen hintergrund nicht verleugnen – wenn ich so richtig erschrecke!

ICH VON DER
DER SOZIALEN
HEIMATPARTEI
SCHAUE AUF DIE
KLEINEN LEUTE
HERAB

biedermeiern, tag 395

über doppelmoral und willkür auf fezbuk:

vor wenigen tagen brachte die „new york times" das foto eines verhungernden kindes im jemen, mit nacktem oberkörper. das bild wurde von fezbuk wegen nacktheit gelöscht.

die moral: verhungern verstößt nicht gegen die „gemeinschaftsstandards", dabei nackt sein schon.

bei persönlicher beschimpfung ist fezbuk nicht pingelig. eine frau mit fremdländischem namen, der eine andere schrieb „mit ausländischen pack ned per sie", musste sich die gemeinheit gefallen lassen: kein verstoß gegen die „gemeinschaftsstandards".

könnte man durchgehen lassen, schließlich definiert der duden, der oberste hüter der deutschen sprache, pack als „salopp abwertend".

bei mir war fezbuk strenger. weil ich jemandem, der „der pack" geschrieben hatte, antwortete, „wir in österreich sagen das pack", hagelte es 30 tage sperre wegen „hassrede".

und deshalb endet dieses büchlein genau hier.

Brankica H fix ned per sie.
Looool.
Bin i mit ausländischen Pack
generell ned

⚠

Du kannst 30 Tage lang nichts posten, kommentieren oder den Messenger verwenden

Du hast etwas gepostet, das gegen unsere Gemeinschaftsstandards verstößt.

Dieser Kommentar verstößt gegen unsere Standards zu Hassrede. Niemand sonst kann ihn sehen.

Mehr anzeigen

Livia Klingl
.. Wir in Österreich sagen das Pack.

Aug *Sep* *Okt* *14. Nov '18* *Dez* *Jan* *Feb*

Livia Klingl bei Kremayr & Scheriau

Livia Klingl
Lauter Fremde!
Wie der gesellschaftliche Zusammenhalt zerbricht
208 Seiten
ISBN 978-3-218-01061-0
€ 22.-

21 Interviews zum Thema Fremdheit und Fremdsein: Livia Klingls pragmatischer Zugang zur Vielfalt unserer Gesellschaft mit einer Analyse der herrschenden Vorurteile und der Möglichkeiten, diese zu überwinden.